ENTRE COCHE Y ANDÉN

Raquel Vázquez

Raquel Vázquez

ENTRE COCHE Y ANDÉN

AFORISMOS

A LA MÍNIMA

RENACIMIENTO

SEVILLA ● 2024

Colección *A LA MÍNIMA*

Director:
Manuel Neila

Diseño de cubierta: Equipo Renacimiento

© Raquel Vázquez
© Fotografía: Eduardo Fraile   © 2024. Editorial Renacimiento

Depósito legal: SE 1754-2024   ISBN: 978-84-10148-77-2
Impreso en España   Printed in Spain

«Y un día, para conocer un libro nos bastará con posar nuestro índice sobre su portada, y toda la luz de las palabras nos penetrará, sin que quede nada, y ese día sabremos que estamos muertos — pues mientras estábamos vivos, estábamos condenados a lo laborioso, a palabra por palabra y a lo indescifrable».

CHRISTIAN BOBIN
(trad. José Areán)

«Si uno se descuida, el lenguaje es una de las jaulas más terribles que nos están siempre esperando».

JULIO CORTÁZAR

«[El poeta] no juzga como juzga el juez, sino como el sol que cae sobre un ser impotente».

WALT WHITMAN
(trad. Francisco Alexander)

1

METRO

IRRUMPE el azar como piedra lanzada en un estanque: nacemos. Nuestra vida es ese temblor de agua.

* *

HACER todo lo posible y que aun así no resulte suficiente es de las formas más crueles de fallarnos.

* *

EL silencio no cura, pero a veces a mano solo tenemos un parche.

VIDA, muerte: una oposición binaria equivalente a la que adopta un chip integrado. Tal vez seamos nosotros la anomalía: ese empeño por comprender y sentir en escala de grises.

* *

EL fracaso es una unidad de tiempo.

* *

MIND *the gap*. Mientras que en Londres se indica el peligro de forma explícita, en el metro de Madrid juegan con la sugerencia: *Tengan cuidado para no introducir el pie entre coche y andén* –apenas se alude a los márgenes del espacio donde no debemos pisar–. La amenaza, así, no se atenúa mediante el sonido: como cualquier cepo sin nombre, queda subrayada. Del mismo modo en que tantas palabras calladas muerden detrás de las que sí decimos.

Los sueños son cajas de música que se desafinan al despertar.

* *

Esperar: respirar desde una percha. Saberse ese traje del armario que tal vez no vuelva ya a rozar ningún cuerpo.

* *

El privilegio de que un plan llegue a cumplirse.

* *

Para los puzles que más nos importan nunca se nos dan todas las piezas.

* *

En el mar desembocan todos los tiempos.

EL lenguaje: esa herramienta antagónica a la avería.

* *

SIEMPRE aguarda, siempre al fin responde. El verdadero oráculo es la tierra.

* *

LA dura modalidad del naufragio a plazos.

* *

NINGÚN arte o trabajo es, más allá de una mirada en la superficie, una carrera contra los demás. Corremos juntos, todos. Y contra el tiempo.

* *

LLEVAMOS cuenta de los años que tenemos. Pero no de las personas que hemos sido.

NUNCA de mí podrá nacer lo que no soy.

* *

SANGRAMOS demasiado poco para tantos caminos que se cortan.

* *

SOMOS nuestros errores.

* *

BUSCAMOS el fruto, encontramos la caricia a un erizo abierto.

* *

ALGUNA vez creímos ríos lo que en realidad eran desagües.

LA noche más grande tiene lugar a plena luz, cuando todo lo invade una claridad que no pertenece. Cuando el sol brilla solo a préstamo.

* *

SE acumula lo bello y lo terrible. La vida es una poeta barroca.

* *

LA única promesa que no vamos a romper, la que, paradójicamente, no va a apagarse, es la del polvo y ceniza.

* *

EL presente no es más que un prólogo del recuerdo.

* *

LA memoria pauta la hoja del presente. A veces en horizontal, como guía. Y a veces en vertical, esa jaula.

No existe otro argumento que la pérdida.

* *

No pensar en el *hasta cuándo*. Solo pensar en estar bien para cuando llegue ese *cuándo*.

* *

El mayor temor debería ser el de normalizar el miedo.

* *

El consuelo de que quede aún alguna puerta abierta a la esperanza. Aunque sea la puerta que conduce a la del sótano.

* *

Apenas bancos de niebla, gotas de lluvia: como si nosotros dejáramos más huellas en la vida que las que escribe el agua en el aire.

La muerte no irrumpe de golpe: se incrusta poco a poco. La muerte solo se confirma.

* *

La soledad del viajero la escriben las palabras que le faltan.

* *

La duda: ese saco enorme, sin abrir, en el que podrían caber tantas cosas. Meter el brazo en ella, en cambio, no garantiza sacarlo íntegro.

* *

Una única lágrima basta para alumbrar nuestra derrota.

* *

La tarifa plana de la tristeza.

La nieve es un acto de perdón del cielo al mundo.

* *

De noche el tiempo se rebobina. Somos esa vieja cinta de vídeo, tosca y a la vez tan frágil, que se va borrando poco a poco hasta romperse.

* *

Los errores más grandes sonríen desde el espejo.

* *

Los silencios que muerden suelen acertar a hacerlo sobre la herida.

* *

La verdad es como la lluvia. Puede molestar, desagradar o dar frío. Pero es necesaria.

Un mundo de sonrisas tapiadas: el terror también era esto.

* *

Alguien se ha olvidado de recolocar la puerta en el quicio de la vida.

* *

El destino en las manos se refleja igual que en una hoja: llega el otoño, sopla el viento, la caricia final entre la tierra.

* *

De qué sirve tener voluntad y herramientas ante la urgencia de reparar un trozo del aire.

* *

Aprender la esperanza, como quien memoriza la lección grabándose a fuego signos y sílabas sin comprender nada de cuanto estudia. Aprender la esperanza para aprobar al menos el examen de la noche, para dormir.

* *

La cordura no se pierde –pues aun podría recobrarse–: se derrama, gota a gota, frente a los ojos, que con desazón registran cuanto cae y queda ya malogrado.

* *

La vida es un relato del error.

* *

Las pesadillas, esos sismos que reabren nuestras fallas de soledad.

* *

Dos habitaciones 101 rivalizan en la cabeza. Pero tal vez pertenezca a los sueños y no a la vigilia esa exhaustividad para retorcer y desplegar íntegramente el catálogo de miedos.

* *

DECIR. Y que cada palabra marque, aunque sea su ausencia.

* *

TAN cerca la felicidad durante los McGuffin, para después regresar a una trama penosa e irrelevante: cuando la vida es una película fallida.

* *

EL insomnio es el Mr. Hyde de la lucidez.

* *

EL desaliento de plantar árbol tras árbol y que todos crezcan del revés: lo que queda es una raíz inútil en la superficie, y sus ramas podridas en la tierra.

Vivir es ir echando más de menos.

* *

El vértigo que asalta desde el aire: cuántos sueños se arruinan en ese último impulso. Pero es que el *sprint*, aunque importa, no es lo esencial a la hora del triple salto.

* *

El dolor como sacacorchos fallido del alma.

* *

Lejos, ya no un adverbio sino esa medida firme y exacta entre cualquier deseo y el mundo.

* *

Entendemos la realidad por mímica, por intuición. Interpretamos a partir de un leve gesto, una sonrisa, un llanto: apenas balbucea y hasta ahí nos deja comprender, o tal vez, simplemente, nos desconcierta y no podemos ver, no sabemos ver nada. Una existencia puede depender de una mirada frágil, de un sonido roto, pero no hay otro lenguaje posible. Porque el día en que la vida empiece a hablar de verdad, ya será para decirnos que se marcha.

**

La muerte nos concede nuestro último papel protagonista.

**

Hay días en que no llega la inspiración para inventarse la esperanza.

**

Cada día sobrevivido es una victoria. La almohada, el íntimo y modesto laurel de triunfo.

PIDE que el camino sea largo: no solo a Ítaca, también en la ecuación que te toque en suerte. Harás divisiones, más restas que sumas, se irá simplificando. Pide que tardes en ver qué queda de ti en el instante final, cuando se despeje la incógnita.

* *

LA lucidez juega al billar de madrugada.

* *

EL verdadero frío, el verdadero silencio, es el que nace dentro de una misma, y se va extendiendo como mantequilla hasta más allá de la punta de los dedos.

* *

No sé qué haremos con tanto recuerdo muerto en líquido amniótico.

SENTIR el fracaso como latido del intento.

* *

PODEMOS creer que avanzamos a buen ritmo, y que en realidad se trate de un ritmo de síncopas macabras.

* *

HOMO viator, tal vez: pero apenas del mismo tramo de aire. No un camino: la vida es un columpio.

* *

MADURAR es aprender a regular nuestra luz.

* *

LEER, escribir, como el único arnés al alcance: la desazonada sujeción a las palabras para no caer todavía.

AL final, bajo el frío del horizonte último, en la intemperie más íntima, no nos esperará probablemente más abrigo que el de la piel de algún recuerdo.

* *

LA no certeza suele parecerse a la esperanza. Porque la posibilita, porque no la niega. Un vacío aún sin dientes al que a veces compensa aferrarse.

* *

LA verdad que una persona ha esperado durante toda la vida suele llegarle tarde: tal vez a la hora en que los demás se marchan de su entierro.

* *

LA desesperación del ateo que reza.

CREER que nos llevamos oxígeno a la boca, cuando no es más que miedo.

* *

HABRÍA que escribir, leer y amar todos los días, porque nadie garantiza que siga habiendo mundo mañana.

* *

SER un Ícaro torpe. Caer con la certeza del error: tan solo te acercabas a una linterna.

* *

LA realidad, ese piano del que sabes que podría salir la música más maravillosa, pero te falta talento, intuición, suerte para encontrarla. Duele tener entre las manos, entre la vida, un infinito tan palpable como imposible.

La *falacia ave fénix*. Ardemos como troncos: maltrechos, sin alas. Y de la ceniza solo emerge ceniza. Tampoco los árboles arden más que una vez.

* *

El dolor se mide en otro tiempo.

* *

El insomnio y su afán por resolver puzles una vez que ha prendido fuego a todas las piezas.

* *

Al final lo que queda es una copia barata de la desesperación.

* *

Seguir viviendo es una apuesta. No saber el resultado nos empuja a jugar cada ficha por si se da el milagro: algo distinto a la derrota.

ESPERAMOS un cielo limpio y sin embargo llega el amanecer troquelado, listo para que dibujemos una mañana más nuestra ilusión sobre la línea de puntos.

* *

LAS ruinas nos acogen como un espejo roto.

* *

CUÁNTA gente vive en la mentira, y la abraza con cariño, como si estuviera hecha de felpa y no de muerte.

* *

LAS mayores decepciones se conjugan en primera persona.

* *

UN cuerpo solo va tendiendo a lo minúsculo para tanta memoria y tanta ausencia.

EL miedo, ese parásito que nos muerde por dentro, y nos deja indefensos, lejos de nosotros mismos, a la intemperie.

* *

FUERA, tras la ventana, el mirlo canta una llave.

* *

QUIZÁ esperemos grandes platos, recibimos migajas. Una miseria. Pero hay miserias que sirven para sobrevivir toda una vida.

* *

TENER por horizonte ese zoótropo que nos proyecta una y otra vez la misma jaula.

* *

EL olvido tiende a tallarse en forma de escalera.

LA bestia de la desesperación, con los años, quizá muerda menos veces. Pero, cuando lo hace, acierta a morder ahí donde más desgarra.

* *

A pesar de la grafía: no se dice una noche en cinco letras.

* *

PARAFRASEANDO a Cioran: siempre hay tiempo para suicidarse mañana.

* *

LA vida por refracción: cuántas experiencias presta de segunda mano la literatura para aquello que no llega. Duele no saber cómo sería la luz.

No es el tiempo lo que hace envejecer sino el dolor.

* *

Entre las certezas que más duelen, la certeza de que
ya no quede nada por esperar.

* *

Nada sucede salvo lo prescindible.

* *

Los abismos deberían estar señalizados, aunque solo
fuera para saber en qué punto tropezamos. Cuándo
hemos comenzado a caer.

* *

El peligro de que en el ángulo muerto se quede la
esperanza.

EL dolor es la única moneda en curso real sobre la vida.

* *

UN *collage* a base de aluvión, de lo que se aferra a la orilla: la memoria, ese proceso artístico frágil al tiempo y también a la humedad.

* *

NO importa que, durante el día, incida sobre ella el sol: una piedra sabe bien que no pertenece más que al frío.

* *

SOLO al final acaba importando, como registro de lo que no ocurre: la esperanza no es un plan de vuelo sino una caja negra.

La luz a veces sucede pero no brilla.

* *

La realidad como un baloncesto asíncrono, malogrado: ningún tiempo muerto será útil tras el partido.

* *

La vida, esa continua elección entre lo negro y lo indescifrable.

* *

El dolor nos reduce a perchas.

* *

Decimos prólogo o preludio, pero ya es la obra misma. Nadie nos esperará para afinarnos.

Más que las caídas, duele no intuir a tiempo cada altillo que acaba siendo cumbre: y no habernos tallado en los ojos el paisaje antes de caer.

* *

El árbol persevera en secreto, en forma de raíz. Pero sí luce el fruto de este arraigo: al proyectar su sombra.

* *

El miedo tiene dos sílabas hasta que empieza a decirse. Entonces suena interminable.

* *

La ansiedad, en *allegro*, como preludio de la desesperación: un movimiento en *adagio* de duración incierta.

No hace falta ser huérfano para percibir orfandad. La realidad cuenta con demasiados regazos para los que nunca seremos hijos.

* *

Profundidad, pliegues, cicatriz, amenaza: la linealidad del tiempo es tan improbable como la de cualquier otra herida.

* *

Un grito como el cuchillo que parta en dos la arbitrariedad del lenguaje.

* *

Life is but a memory that happened long ago, cantaba Nick Drake. Pero a veces ni siquiera fue hace mucho tiempo. La vida como apenas el recuerdo de lo que no sucedió nunca.

* *

ESPERANZAS que regamos como si fueran árboles frutales. Pero solo son piedras.

* *

SI para algo siempre hay tiempo, es para romperse.

* *

LA angustia como un tren vacío, sin más pasajeros, del que no sabemos bajar ni tampoco adónde nos está llevando.

* *

EL insomnio amplifica todas las certezas que no querríamos escuchar nunca.

RECORDAR: la decantación del tiempo. Quedarse con el veneno –o el antídoto– solo.

* *

AUNQUE sea un gesto natural, limpio, duele pasar por la garganta la verdad: arde al tragarla. Tantas veces por ello nos atrofiamos la boca rumiando desengaño.

* *

LA memoria, ese astillero de barcos hechos para naufragar.

* *

SOMOS lo que se pierde en el revelado. Nuestra memoria se define por aquellas instantáneas que se quedan siempre en negativo.

Y si fuéramos solo la imagen del espejo.

* *

No hay erratas ni tachones en la muerte: y esa será nuestra versión en limpio.

* *

En un columpio, la ilusión de volar hacia el sueño. Pero ni siquiera cerrar los ojos basta: las manos no se despojan del tacto de la cadena.

* *

Tanta vida que se va sin alcanzar nunca la superficie, y se queda en un fluir absurdo de aguas subterráneas.

TODOS los días nos despedimos de los que no seremos nunca.

* *

CUÁNTAS veces no nos dejan siquiera volvernos un recuerdo.

2

CERCANÍAS

En el agua de las relaciones tendemos a ahogarnos: con torpeza, a destiempo. Ojalá supiéramos, a la hora de amar, solo un poco de natación sincronizada.

**

Tender las ramas, arrojarse al cielo del otro por si la fotosíntesis, o el incendio. Lo que no basta, lo que precisamente quema, es la tibieza de la luz.

**

Bajo la piel que no se acaricia, una alambrada entre vacíos desgarra cada vez más dentro.

Rehuir de la herida no solo nos lleva a olvidar que estamos vivos: también impide que alguien pueda curarnos.

* *

Las apuestas en el amor están sobre todo hechas de tiempo. De ahí que su grandeza sea dar por el otro justo lo que no podremos recobrar nunca.

* *

En la búsqueda de un mínimo hueco en la realidad, a veces no nos queda más remedio que exiliarnos de nosotros mismos.

* *

Apenas una palabra, un gesto, un roce: tiende a ser tan pequeño lo que nos sostiene como grande su hueco cuando falta.

LA estalactita de lo que no sucede horada nuestra cueva de la memoria.

* *

EL epicentro de la angustia tiembla sin palabras.

* *

A la hora de rompernos, también hay expectativas. Muchos se decepcionan si nuestras grietas trazan un mapa de fragilidad distinto al suyo.

* *

ANALFABETOS del riesgo, no leemos lo importante. Cuando apenas si somos tiza en el encerado del tiempo.

AMAR supone llevarse el hogar por dentro, mientras queda fría, a la intemperie, la distancia.

* *

SABER cierto el umbral. Que nuestras manos fallen cuando se trata de erigir la puerta.

* *

NO hallar refugio en el otro no siempre significa que no exista. Previa a la desesperación, al menos la confianza en un parpadeo asíncrono.

* *

GIRASOLES como un vínculo humano. Beber luz para decirla. Beberla buscando la caricia de otra luz.

El amor es búmeran o es lastre.

* *

No solo tenemos miedo a volar. También a descubrirnos las alas en la espalda.

* *

La piel permite abolir las noches absolutas. Aunque en un abrazo queden restos de oscuridad, es probable que debajo ya se haya forjado el bastidor de algún fuego.

* *

Jugar con las cartas que no tienes es la forma más rápida de perder la partida.

Los sueños ponen orden a tantos papeles que teníamos olvidados o perdidos en el cajón.

* *

La belleza ininteligible lo es también al tiempo. Por ello el tiempo no comprende la forma de llevársela. Por ello permanece.

* *

Inventar algún cielo como lo inventa un cisne sobre el agua.

* *

Si compartimos destino con Sísifo, habrá que cogerle cariño al dolor y al cansancio. A la colina. Y sobre todo a la piedra: suya es la caricia.

* *

Las relaciones humanas, como una sucesión de la que se analiza su convergencia: cuando el rechazo tiende a infinito, el límite de la persona rechazada es igual a cero.

* *

La confianza es un juguete roto.

* *

Ya no solo es el dolor de cada herida. Aun cuando se cierran: cómo se oculta a ojos del otro tanta cicatriz y tanto parche.

* *

Podemos manchar el silencio. O pintar sobre él la palabra justa.

* *

Amar es ese río que ya no desemboca: el tiempo vuelto en calma, hecho estanque. Pero en la vida –recta, obtusa– qué suele ser cada mancha sino un error.

LA mirada del *flâneur* repara el mundo.

* *

EL deseo no correspondido tiende a volverse carcoma: y entonces, al horadarnos, también nos priva de toda posibilidad de arder.

* *

LA paradoja de dos cuerpos que se encadenan el uno al otro y así se hacen más libres.

* *

EL miedo a no hablar a tiempo y el miedo a no decir las palabras justas: el equilibrio de esa balanza carnívora que a veces nos desgarra por dentro.

* *

SOMOS pájaros si alcanzamos a volar en otros ojos. Si en esa piel puede levantarse nuestro nido.

Hay distancias de cinta métrica que deberían ser ilegítimas, aunque solo fuera en el recuerdo.

* *

Tejer hilos, encajar piezas: relaciones a veces forzadas. La paradoja del efecto mariposa: basta el deseo de un aleteo para violar el mundo.

* *

Aspirar a decir como dice la luna menguante cuando a la noche siguiente ya será luna nueva.

* *

Un martillo para el cristal, una retroexcavadora para el hormigón: y sin embargo qué herramienta para demoler un muro de aire.

No basta con separar lo real de la máscara: cómo identificarlos, cómo no confundirlos. Si hasta desconocemos desde qué lado nos parten los ojos.

* *

El silencio es a veces un diamante. La resignación de registrar al menos su belleza, incapaces como somos de cortarlo.

* *

No esperar que algo suceda. Tan solo esperar estar ahí para cuando lo haga.

* *

Compartir, acompañar: dos verbos que conjugan la plenitud.

Más que una falta, prevalece la culpa por no saber arder de forma síncrona.

* *

Aunque el agua sea profunda, cuántas veces una mano nos libra de naufragar.

* *

Buscar el calor en la ausencia, la felpa en el abrazo que no existe. Mirar despacio los ojos al vacío, tomar su mano con delicadeza, aceptarlo al fin como un compañero de vida verdaderamente posible.

* *

La música tal vez sea el único lugar donde estamos a salvo.

Hasta el amanecer parece inútil si no acoge la luz a la otra luz que falta.

* *

Escribir no siempre nos vacía de silencio.

* *

Para descubrir no es preciso ningún afán explorador. Basta cierta sensibilidad al hallazgo.

* *

La piel callada espera su turno de preguntas.

* *

El ser humano, esa metáfora que el sol escribe cada anochecer.

Apretar el puño, sentir el metal de unas llaves que aún conservan algo de calor: lo más cerca, a veces, que puede estarse de un abrazo.

* *

Cerrar los ojos, estrechar tal vez algún rincón del alma a contraluz.

* *

Callar las palabras para expresar lo que nos duele no es callar, solo dejarle al cuerpo que las termine eligiendo a su manera.

* *

El cielo dialoga por igual con ruinas y pájaros.

ILUMINAR con piedra, tallar la luz: la búsqueda de algún camino sobre el agua.

* *

REFLEXIVAMENTE insignificantes, transitivamente trascendentes. Solo somos si nos tiende ese doble puente otra mano.

* *

POR qué tan pronto tiene que hacérsenos de noche en la boca.

* *

TORPES agricultores: nuestras manos se desgastan mientras la esperanza se seca. Ojalá supiéramos aplicar técnicas de regadío a la confianza.

Yᴇʀʀᴀ la palabra, yerra el silencio: elegir ya no es más que decantarse entre equívocos. La duda –la tragedia–: acertar a intuir el menos irreversible.

* *

Lᴀs palabras llegan en el tiempo del forense.

* *

Lᴀ vida nos va encajando como piezas de su retorcido puzle. Y, así, a dos cuerpos que se buscan los fuerza a coincidir apenas espalda con espalda.

* *

Aʟ menos las ausencias pueden tallarse a medida. El dolor de una presencia viene dado, y es innegociable.

* *

Lʟᴇᴠᴀᴍᴏs dentro piedras. Todo cuanto logramos decir: apenas un rasguño al agua.

SEPTIEMBRE es ese mes en que la luz se recuerda a sí misma que es mortal.

** **

SI hubiera tiempos muertos en la vida: para descansar un momento, para hablar de verdad y escucharse. Para ya después seguir jugando.

** **

EL abrazo que no falla nunca es el de la erosión.

** **

LAS notas de un arpegio como peldaños hacia esa puerta frente a la que con frecuencia tartamudean las palabras.

Buscamos comprender lo que sucede como si no hubiera ninguna duda de que realmente estemos sucediendo nosotros.

* *

El dolor, tantas veces un muro para llegar a esa palabra que conforte.

* *

La luna llena se basta a sí misma. La creciente, en cambio, sabe hacernos partícipes del cielo: nos deja reconocernos en el trozo que falta.

* *

Por qué no el juego del amor a cartas descubiertas. Y tal vez así los perdedores no seríamos siempre los mismos.

Cuando es cierta la luz, quizá anochece sobre el paisaje. Pero no en los ojos.

* *

La memoria no sabe de relojes: son los instantes en los que no llevábamos cuenta de las cifras lo único que, al fin, sobrevive al tiempo.

* *

Los fonemas imposibles. A qué luz, qué pájaro podrían sonar tantas palabras que se rompen antes de que siquiera sepamos pronunciarlas.

* *

Nuestras vidas: esa fase menguante de la luna.

* *

Una cartografía del silencio. Hacer que las caricias fueran ciertas al menos en un mapa.

HAY muchas formas de distancia. La muerte no solo es la más terrible y tal vez la única imposible de revertir. También es la distancia que en la vida viene instalada por defecto.

* *

CUANDO dos ojos suponen el único modo patentado de volar.

* *

TRAS un cristal la Belleza es eterna, incorruptible. Pero ojalá, cuántas veces, pudiéramos abrazar las grietas de esa belleza efímera, incluso rota. Y tocarla.

* *

CASI nunca hay tiempo. Por ello no nos queda más remedio que inventarlo.

Unos ojos no serán nunca suficientes para tanto que se desborda.

* *

La mano que se acerca a la cerradura es la primera parte de la llave.

* *

Necesitamos espejos para aprender a mirar. Necesitamos romperlos después para que la mirada no se nos rompa.

* *

Escribir es prender fuego a la duda mientras ardes.

* *

En un no, en el gesto del rechazo: cuántos anocheceres pueden caber en un solo segundo.

Las palabras mitigan el olvido. Lo que ya permanece de por sí es innombrable.

* *

La navaja suiza del silencio.

* *

El insomnio: cuando el deseo nos clava en lo más dentro el dolor de la falta.

* *

En las historias a cuatro manos, antes que la imaginación suele fallar la mecánica: toca seguir, y cuándo ha sabido teclear una ausencia.

* *

La desproporción entre el cuerpo y la memoria.

Somos mascotas del miedo.

* *

Decir el tiempo aparte de las sílabas. Por si fuera posible rozar algún armónico.

* *

Aunque al final nos haya sido imposible volar nunca: deberíamos evitar que nos crezcan espinas en el hueco donde aún cabe el sueño de nuestras alas.

* *

Amamos a quienes, al mirarnos, lo hacen también al niño que fuimos.

* *

Nuestro diario más íntimo nos lo escriben las sonrisas.

El dolor puede partir la belleza: y entonces serán trozos de belleza misma. Ningún filo hiere lo esencial: la inquebrantable convicción de que amar compensa siempre.

* *

Un afán necio el de los juegos de azar: apuestas en asuntos insignificantes. Ojalá supiéramos acertar con las palabras que decir a quienes nos importan.

* *

Las nubes toman muchas formas para hablar de un mismo abrazo imposible.

* *

La timidez de un árbol. O su respeto por el otro: elegante forma de compartir la luz.

Un verdadero vínculo es un lugar: no se mantiene, se habita.

* *

Solo los mapas que dibujan o confluyen en tu cuerpo. No hay más cartografía relevante.

* *

La barbarie termina ahí donde tú comienzas.

* *

El amor transforma un solo gesto en mundo, mientras todo lo demás se derrama como vacío.

* *

Tal vez no abrazaremos el fuego. Pero nos urge, al menos, el sueño de una antorcha.

Las redes sociales, ese nuevo instrumento con el que pescamos soledad.

* *

Como aquel que se enfrenta a un fusilamiento, nos hallamos indefensos frente a la persona amada: la muerte o la salvación penden del hilo de dos ojos.

* *

Con la almohada no solo descansa la cabeza: sirve para tener al fin algo que abrazar.

* *

Aceptar que el punto muerto es la falta.

* *

No elegimos aquello por lo que nos recuerdan.

NUESTRA ansia exégeta ante las palabras que nos importan: cuántas veces pretendemos encontrarle algún otro sentido –moral, místico, alegórico…– a lo que solo puede entenderse, por mucho que duela, de forma literal.

* *

DEBERÍAMOS prometer igual que promete la luz, ya iluminando.

* *

SIN contradicciones, no seríamos personas sino manifiestos.

* *

NO desplegamos alas en el aire, sino nuestra piel en otra piel. Es eso un abrazo: la forma que tenemos de volar.

CADA espalda vertebra su propia historia de olvido.

* *

A la hora de pronunciarnos, tal vez nos quedemos
en sonidos. Pero al menos deberíamos albergar una
intacta aspiración de ser fonemas.

* *

Es muy difícil vestir con disfraz la mirada: lo que somos respira por los ojos, es nuestra abertura al mundo. Y estamos desnudos por dentro.

* *

LA luz nunca sabrá de decadencia.

* *

EL frío como artesano de matrioskas. Frío dentro
de frío. Cuerpos cercenados, lo único que resulta.

Cuerpos que no distinguen entre dentro y fuera a la hora de marcar la fuente de viento.

* *

Con el deseo más fuerte siempre estaremos en deuda: no se apaga ni se paga nunca.

* *

El dolor de la reducción a máscara.

* *

Hasta el gesto más insignificante significa. También la raíz de la luz parece aún sombra.

* *

A falta de brújulas, orientarse en la palabra. Aunque sea llamándole imán a cualquier piedra.

DESEOS que vencen el raíl. Descarrilar en el encuentro.

* *

DESDE el abrazo también comienza una escalada.

* *

NO ser: bastaría con estar. Ojalá *estuviéramos* humanos alguna vez.

* *

LA verdadera patria son las personas que amamos: sin ellas, somos siempre extranjeros; a su lado reconocemos un hogar en cualquier parte.

* *

EL deseo hace arder todos los mapas.

Toma forma de lago el instante que nos colma: su serenidad trémula, la caricia a una orilla ajena al tiempo.

* *

Tendemos demasiado a los espejos, cuando tal vez deberíamos refractarnos: acoger al otro del mismo modo en que recibe a la luz el agua.

* *

El primer pianista en el mundo fue la lluvia.

* *

Arqueólogos del tiempo: solo adentrándonos en las profundidades del futuro podríamos alcanzar el hallazgo.

SABEMOS demasiado poco de los infiernos ajenos. La quemadura sería algo menos profunda si no ardiéramos tan solos.

* *

NO tenemos certezas. Sí una confianza ciega en los puentes.

* *

CADA caricia es un poema de viento.

3

LARGA DISTANCIA

La urgencia de aferrarse a algo: aunque a esa ancla la cubra el óxido, aunque sea hierro candente que aún sigue en la fragua.

＊＊

La vejez no se opone a la juventud, sino a la capacidad de asombro.

＊＊

Intentar no morir demasiadas veces antes de la última. Intentar que solo haya una noche cada día.

[79]

LA dignidad con que rezuma vida y sombra, refleja la luz, asume el otoño, se funde en silencio con la tierra: tanto por aprender de un árbol.

* *

ESCRIBIR es leer ese libro que llevamos dentro.

* *

REPETIRSE, como un mantra: estamos aquí para intentarlo.

* *

EN la vida, entre afortunados y desgraciados media todo un sistema de castas.

* *

LAS palabras están para algo: para contar nuestra historia. El mundo ya se encarga de contar la suya y casi siempre es ajena a nosotros.

Raíles: caminos de hierro que no son de hierro sino de nostalgia.

* *

Los mayores arsenales duermen sigilosamente, sin ser vistos, en los despachos.

* *

Intentar que el tiempo que pasa sea vida también.

* *

El ideal estoico del junco funciona muy bien en teoría. En la práctica, conviene recordar que, por muy flexible o resistente que sea, ningún junco sobrevive a la segadora.

* *

El mapa más preciso no cabe en un papel: es la intuición del camino que sabemos a punto de inventarse.

No hay sueños en luz verde: nuestro horizonte, un semáforo en ámbar.

* *

Los acontecimientos irrumpen al modo de un volcán, y se sustraen al relato: lo desbordan. La palabra sucede después, apenas registra. Pero debe ser capaz de evocarnos aquella lava. De convencernos de la temperatura a la que realmente ardió.

* *

Las gafas de la rentabilidad nos ciegan para la vida. Es necesariamente inútil todo lo que en verdad importa.

* *

No es que falle el diapasón. Falla que no aprendemos a escucharlo.

A la hora de opinar, cuántos llevan la foto ya sacada en la cabeza. De ahí su porfía, antes del disparo, en ajustar –como sea– ese paisaje.

* *

Mientras que a la ficción le pedimos verosimilitud, con las pesadillas sucede lo contrario: necesitamos que sean inverosímiles para que terminen por completo al despertar.

* *

La acogedora polisemia de las palabras frente a la *pansemia* del silencio.

* *

El infinito baja a tierra los sábados por la mañana.

La dignidad a medida de una tarjeta de crédito.

* *

En cada no-lugar se encuentra un trípode.

* *

Arrojar la piedra a un pozo. Esperar que la noche, allá abajo, tenga manos de escultor. Y talle en ella un búmeran.

* *

La historia camina coja, y cuando tropieza siempre se cae sobre el mismo costado: del lado del pueblo.

* *

Los aprendizajes más útiles no son los que más enseñan, sino los que llegan a enseñar algo cuando todavía no es demasiado tarde.

EL horizonte del mundo como un vertedero de plasma en 4K.

* *

MUCHAS realidades pueden llegar a bastarnos. Pero no debería bastar que algo nos baste: la cuestión es saber si eso nos colma.

* *

EL sueño de ser al menos un funámbulo que, en la caída, sueña con el aire para siempre.

* *

VAMOS a hacer las cosas bien: es tarde para hacerlas de otra manera.

* *

LA esperanza es un coche de carreras que tienden a prestárnoslo averiado.

La quiromancia del cielo la sueñan los pájaros, aunque al final acaba siendo escrita por aviones.

**

La mentira se representa y ya: permanece. La verdad llega, devasta, siembra, no se detiene, cuando más crece es una vez que se ha marchado.

**

Lo legal y lo legítimo, a este paso, acabarán por tener en común tan solo la etimología.

**

Gente preocupada por agradar a los demás, y despreocupada por convencerse siquiera a ellos mismos.

No elegimos envejecer, ni dejar todo atrás, ni la constante pérdida o el olvido. Qué poco pintamos en nuestras propias vidas.

* *

Frente a la intensidad del atardecer —ese aferrarse a la luz que va cayendo—, el amanecer tiende a lo dilatado: un pincel que lleva noche y busca limpiarse en aire de aguarrás. Se trata de aire turbio que, disfrazado de regalo, apenas brinda un trueque: aceptamos la esperanza del día que empieza a cambio de irnos borrando poco a poco.

* *

Cerrar los ojos como se chocan dos piedras en la oscuridad. Esperar que algo suceda.

FRENTE a la humedad, frente a la carcoma, frente al tiempo, pocos hogares tan robustos como una canción.

* *

HAY hipótesis que es mejor no plant[e]ar: las que, en lugar de dar fruto, solo pueden incordiar como malas hierbas.

* *

EN nombre de la seguridad se cometen algunas de las mayores barbaries.

* *

OTRO tiempo vendrá distinto a este, dice un verso de Ángel González. Es posible. Pero, en lugar de la esperanza, lo prioritario es buscar un medio para sobrevivir hasta ese tiempo hipotético.

Los laberintos más complejos cuentan con paredes de aire.

* *

Poliédricos, frágiles: no somos más que un erizo asustado en medio de la carretera. Pero también el conductor.

* *

Hemos perdido tanto que nos sorprendemos de que algún día hubiéramos tenido tanto por perder.

* *

Esa aguja de la existencia que pincha los aciertos y enhebra los errores.

* *

Hay cielos que brillan a lo lejos, pero que de cerca no son más que de latón.

No hay ninguna marca blanca de identidad: bajo la etiqueta, es la moral occidental lo que nos venden. No siempre es la mejor. Y, debido a este engaño, a la coacción, casi nunca acaba resultando la más barata.

* *

Días en que la realidad está escrita en lineal A cretense.

* *

Lo más difícil de la vida es sobrevivir: al fin y al cabo, en última instancia nadie lo hace.

* *

La única flor silvestre en la sociedad es el ruido. No solo hacen falta tenacidad y paciencia con la palabra: hasta el silencio precisa ser sembrado.

Es la noche la que decide el modo en que se cierran las historias.

* *

La belleza en el mundo existe no por el ser humano, sino a pesar del ser humano.

* *

Ser un salto, decía Roberto Juarroz. Cuántos siguen el ejemplo de Penélope y se limitan a ser una red: nunca se atreven a acabarla.

* *

Vivir es vivir y aprender a esperar.

* *

La fragilidad de nuestros recuerdos más preciados. El temor a hacerlos palabra, por si en ese viaje pudieran romperse.

Sɪ lo normal es que nunca suceda nada, habrá que romper la norma. Y de la brecha de la norma tal vez salga más dolor, o una bandada de estorninos y un cielo.

* *

Lᴀ verdad es necesaria y suficiente. El resto no son más que sucedáneos lógicos.

* *

Nᴀᴅɪᴇ dijo que el mundo fuera un lugar justo, bueno, amable. Pero tampoco que su inversión pudiera erigirse tan perfecta.

* *

Cʟᴀsɪғɪᴄᴀʀ a las personas por su dinero solo es reflejo de quien por dentro es también de metal o de plástico.

Posible rutina para dormir: lavarse los dientes, arrancar el cerebro y guardarlo en el armario, dejar los ojos en la mesilla, apagar la luz.

* *

El tiempo malgastado en opinar acerca de lo que no sabemos, ¿no podría utilizarse para pensar, leer, aprender al fin sobre algo?

* *

La tristeza nace con frecuencia en el silencio. Pero arraiga mucho mejor entre el ruido.

* *

Hay siempre algo frenético, desquiciado, en las tardes de domingo. Como una puerta que no acabara de encajar del todo bien.

Los sueños nos gradúan caprichosamente la vista.

* *

El grado de desesperación se mide por lo que se nos viene a la cabeza al mirar una ventana.

* *

El tiempo ordena los instantes como un niño pone en fila sus juguetes.

* *

Tiene algo de temerario levantarse por la mañana y enfrentar el abismo de la vida un día más.

* *

El llanto termina cuando al fin nos encontramos en el espejo roto de la luz.

Sɪ la vida es ese relato que nos contamos, tal vez podamos incorporar la ficción de que todo está bien. Y hasta cambie en algo el desenlace.

* *

Lᴀ lluvia marca con más verdad el tiempo que los relojes.

* *

Nos falta algo, y preferimos llamarlo tiempo en lugar de voluntad.

* *

Aᴍᴀɴᴇᴄᴇ, y el mundo al menos puede mudar su error.

* *

Eʟ recuerdo, esa foto recursiva que va gastando la memoria.

Lo decrépito es la otra cara de la moneda de aquello que renace.

* *

Sin reflexión no hay viaje. A lo sumo, un cambio de escenario.

* *

Esa arcadia llamada certeza. O cimentamos desde la duda, o siempre anhelaremos el atrevimiento de erigir un hogar.

* *

Escribir es el afán de hacer inteligible el código fuente del mundo.

Poco más que un abismo y una cuerda. Nos queda, al menos, elegir mirada: la del ahorcado o la del funámbulo.

* *

Ni siquiera fuera del tiempo. Puede que bastara con vivir allí donde las manecillas giran del revés: detrás de los relojes.

* *

Dos puños cerrados pueden no ser idénticos. Uno que encierre los hilos. El otro, su propia desesperación.

* *

Un tren desconoce el hallazgo porque no llega a perderse, tampoco sabe qué es dudar entre horizontes. Siempre que sea posible, será preferible escoger, frente al raíl, la vida por trazar.

LA quietud de una montaña cuando es tobogán del cielo.

* *

AL presente miope, las gafas del recuerdo le llegan tarde.

* *

SIEMPRE hay algo arbitrario en los muros. Es más fácil dejar caer una primera piedra y las siguientes, que agacharse y hacer el esfuerzo por moverlas de ese lugar.

* *

NINGUNA actividad creativa tan primordial como la esperanza.

La ilusión la resuelven los cangrejos.

* *

Se nos educa en la inmediatez, se nos educa para la desmemoria, para el olvido. Somos una sociedad epiléptica. Saturación de estímulos. Que nos derribe la luz.

* *

La necesidad de no viajar solo en el *dónde*. Hacerlo en el *cuándo*. Y sobre todo en el *quién*. Si pudiera llegarse a *quien* importa.

* *

A lo largo de la vida, conviene no estar muerto más tiempo del imprescindible.

Occido, en latín, es la 1ª persona de singular del verbo *matar*. Así que, aunque solo fuera por azares etimológicos, tal vez a la denominada civilización occidental deberíamos haberla puesto, cuando menos, bajo sospecha.

* *

Hay sueños que no tienen nada de espejismo: una sólida y oportuna tabla de madera que acude en la noche.

* *

A veces, con una misma, hay que elegir entre la lucidez y la compasión.

* *

La esperanza como tipo de focalización narrativa. En el relato de la vida no elegimos peripecia. Sí, quizá, desde dónde queremos contar[nos]la.

EL horizonte, ese disfraz ingenuo y miope con el que engalanamos nuestro correspondiente embudo hacia el vacío.

* *

No importa cuánto escribamos, cuántas acciones hagamos bien. Nuestra obra más extensa acabará siendo un *error log*. Un registro de errores.

* *

EL acceso a los relojes parece de solo lectura. Pero algunos bucles, como los de la música, existen. Y hasta quizá sobreescriban el tiempo.

* *

PENSÓ que, en aquel instante, correría a abrazar una torre de alta tensión si tan solo la creyera una nueva esperanza a la que aferrarse.

Esa ficción colectiva que vivimos, y que desde nuestro punto de vista individual no se reduce más que a una triste parodia de los sueños.

* *

Necesitamos mucha voluntad y dedicación para construir nuestro propio optimismo.

* *

No hay luz como la de diciembre, que se arrodilla inclinada para acoger sin deslumbrar, que trae en sí misma todos los pliegues y las sombras.

* *

El verbo *merecer* es ese chaleco salvavidas dentro de nuestro avión: tan inservible en el choque natural frente a lo injusto.

La luz decrépita niega el calor: agosto es el primer mes del invierno.

* *

Nos subimos a trenes que quizá no piensan parar nunca.

* *

El único paraíso que no nos expulsa es el que construimos tras los párpados.

* *

En el camino vital, compartimos las decisiones de un corredor: elegir entre afrontarlo como una prueba de velocidad o de resistencia.

Recordar, tal vez cada mañana, que la excepción es la vida, que la paz es un pájaro exótico; recordar ese milagro de que las cosas estén o salgan bien.

* *

Aunque no la llevemos puesta, en la maleta deberíamos viajar con al menos una canción.

* *

Los electrodomésticos, en *stand-by*, consumen. En cambio nosotros, en nuestro *stand-by*, en nuestra espera, vamos más allá: nos consumimos.

* *

Todos los caminos se parecen, pero cada viaje sucede a su manera.

Resulta demasiado elegante la analogía del naufragio para la mayor parte de nuestras derrotas: apenas suele ser un patético resbalón en la bañera lo que nos lleva a ahogarnos.

* *

Hoy en día no se espera ningún cambio profundo; *revolución* es una palabra rota desde hace ya muchas décadas y nadie se ha atrevido a repararla.

* *

La puntualidad de los libros: suelen llegar a nosotros en el momento justo.

* *

Lograr el grito sin desgarro, la intensidad sin estridencia.

Vivir lo más cerca de no tener que arrepentirnos.

* *

Los párpados, dos malabaristas que trabajan con los ojos. Son hábiles en el número de la luz. No tienen tanta pericia para mantener el equilibrio con las lágrimas.

* *

Frente al trazo de los caminos, el viaje transversal que escriben algunas puertas.

* *

Qué bien vendría que, de vez en cuando, pudiéramos poner nuestras vidas en carta de ajuste. Y ya volveríamos después con la programación.

[106]

HACER de lo no irreversible un sucedáneo de la esperanza.

* *

LA señal de *sin salida* en un camino solo significa que no hubo salida para alguien. Pero para otra persona podría ser la meta. O quizá ese muro sí sepamos escalarlo.

* *

LA sobreinterpretación protagoniza las gráficas de hoy. En el eje vertical, la sobreinterpretación hermenéutica. En el horizontal, la sobreinterpretación dramática.

* *

HAY instantes que no se recuerdan, sino que se les coge de la mano y se abrazan: tanto necesitamos que nos protejan en la intemperie del presente para acompañarnos.

Un diafragma que nos permitiera inspirar más o menos tiempo.

* *

De la placenta a la tumba, no somos más que la suma de infinitas improbabilidades: tal como estamos hechos para nadar a contracorriente, solo desde la tenacidad propia del salmón no nos estaremos traicionando.

* *

La quimera de que la erosión solo ataña a la roca: un regalo que el mar concede a los ojos.

* *

Más vale dejarle barra libre al autoengaño cuando se trata de sobrevivir. Él ya sabrá servirse.

LA división que subyace, en última instancia, a toda personalidad: se trata de ser autómata o kamikaze.

* *

ESCRIBIR como si fuéramos la misma tinta que se borrará mañana.

* *

PRÓXIMA estación: desgarro emocional. Atención, estación en curva. Al salir, tengan cuidado para no introducir el pie entre realidad y sueño.

* *

APRENDER a odiar, a hacer daño, aprender el miedo o la autocensura: hay que tener cuidado con lo que se aprende, porque quizá después ya no pueda olvidarse.

Sɪ hay que claudicar, que sea al final, una única vez. Y no esa doble claudicación que supone rendirse antes de tiempo.

* *

Lᴀ realidad traza los límites con manos de arquitecta. Frente a su escuadra y cartabón, toca dudar de esos cimientos. Ser temblor de tierra.

* *

Lᴏ malo no es tan malo si al menos tiene final. Las peores cosas no terminan de acabar nunca.

* *

Lᴏs pájaros cantan una mañana más, y sostienen al mundo.

ÍNDICE

Entre coche y andén
DE RAQUEL VÁZQUEZ
ACABÓ DE IMPRIMIRSE
EL 15 DE JULIO DE 2024